チャイルド社では、子育ての悩みごとにお答えする
Q&Aシリーズを刊行しました。

さて、イソップ童話に、
「北風と太陽」というお話があります。

あるとき、北風と太陽が、旅人のマントを
どちらが早く脱がせることができるか力比べをします。
北風は、力いっぱいに強い風を吹きつけますが、
旅人は自分の身を守るために更に身をかがめ、
必死になって抵抗しました。
一方、太陽が旅人をゆっくりあたたかく照らすと、
旅人は自分から気持ちよくマントを脱いだ、
というお話です。

このお話に、子育てに大切な「幹」が感じられます。

厳しい行動や冷たい言葉、力づくで手っ取り早く
人や物事を動かそうとすると、かえって人はかたくなになる。
それよりも、あたたかくやさしい言葉をかけたり、
安心する状況をつくることで、
人は自分から行動するようになるというものです。

子育ては決して、むずかしくありません。
私たちの心のなかに、子どもに寄り添う
あたたかな気持ちさえあれば、小さな芽は自分の力でやさしく、
強く育っていきます。

保護者のみなさまのお力になれれば幸せです。

株式会社チャイルド社　出版・セミナー部

1

CONTENTS

PART 1

生活習慣の悩み・生活の自立の悩み

PART 2

食習慣の悩み

INDEX

生活習慣・生活の自立

子育て基礎知識

乳幼児期に
身につけたい生活習慣
についてまとめます。

早寝・早起き、片づけの習慣、
トイレや着替え、食事の自立……。
「身につけさせなくては」と考えると
プレッシャーになりますね。

親は子どもの自立を
応援することが大切です。
子どもの「自分でできた！」を
一緒に喜びながら
しっかりサポートを
していきましょう。

パパの失言

身につけたい生活習慣

子どもの健康・発達のベースになるのが
「睡眠」と「食事」にかかわる生活習慣です。

早寝

子どもの成長に欠かせない「成長ホルモン」は眠っている間に分泌されます。とくに**午後10時から午前2時の時間帯にぐっすり眠っている**ことが大事です。
そのためにも、午後9時には寝る習慣をつけたいですね。

早起き

人は朝の光を浴びると、セロトニンという物質が分泌されます。これは、脳とからだを覚醒させ、日中の活動をしやすくするとともに、こころのバランスを整える働きがあります。
子どもが一日元気に過ごすには、**朝の光を浴びる**ことが大切です。

朝ごはん

朝ごはんで、脳のエネルギー源であるブドウ糖を補給します。ブドウ糖は体内に大量に蓄えておくことができないため、午前中、子どもが元気に活動するためには朝ごはんを食べることが大切です。
よくかんで食べることでセロトニンの分泌も増えます。

子どもが
生活習慣を獲得し、
生活の自立を
するために

早寝・早起きや、家族で食事など、
「わかっているけどできない」こともあるでしょう。
できていることは継続し、
いまできていないことは、日ごろから念頭において
できるだけ心がけるようにします。

● 朝はできるだけ同じ時間に起こす。寝室のカーテンを
　開けて「おはよう」

● 家族で「おはよう」「いってらっしゃい」「いってきます」
　のあいさつをする

● 家族で朝ごはんを食べる（子どもだけで食べさせない）

● 食事のときは「いただきます」「ごちそうさま」を忘れない

● 着替え、食事などの「自分でやる」ことには、
　なるべく手を出さず見守る

毎日
心がけたい
10 項目

● 子どもの「自分でできた！」には一緒に喜ぶ

● 1日数時間はできるだけ外でからだを動かして遊ぶ

● 外から帰ったら手洗い・うがいをする

● 片づけができたら、
　「きれいになると気持ちいいね」を共感する

● テレビやゲームなどは家庭のルールを決めて守る

夜ふかしを改善したい

　3歳の息子は夜、父親の帰宅を待っていて、寝るのが午後10時を過ぎることがほとんど。朝はスッキリ目覚められず、不機嫌なまま登園することになります。生活を改善したいのですが父親とのふれあいも大事だと思うし、悩みます。

 まずは睡眠が大切。
休日にたっぷりふれあうなどの工夫を

　父親とのふれあいも必要ですが、子どもにとって睡眠は大切。少なくとも夜10時までには寝ないと、心身の成長に影響があります。目覚めもスッキリせず、園でも活発に活動できません。

　それを父親に伝え理解してもらったうえで、子どもとふれあう時間帯をみつけましょう。たとえば、父親も早起きして一緒に朝ごはんを食べる、手をつないで登園する、平日はあきらめて休日にたっぷり遊ぶ時間をとるなどです。家族で話し合いながら、家庭のなかでのベストな生活リズムをつくってください。

基礎知識

早寝・早起きを習慣づけるには

・夜早く寝るよりは、早く起きることから始める
・寝る少し前からテレビを消し部屋の電気は暗めにするなど、
　静かで落ち着いた雰囲気をつくる
・布団に入ってから読み聞かせをするなど、入眠準備の習慣をつくる

2

親の生活リズムの乱れに
子どもを巻き込んでしまう

仕事柄、帰宅後もパソコンに向かわざるを得ないことが多く、
その間、子どもは放ったらかし。ごはんの時間も入浴の時間
も定まっていません。子どもへの悪影響が気がかりです。

まずは夕食、入浴をすませてから
仕事を習慣に

　仕事が忙しいのはわかりますが、子育てにおいて一定の時期は子ども優先にすることが大切です。帰宅後は、まず夕食、入浴をすませ、子どもを寝かせてからパソコンに向かうようにしましょう。

　すぐにごはんが食べられるよう、朝のうちに夕食の準備をしておいたり、休日に作りおきをしておいて平日の負担を減らすなど工夫してみては。

　短くでも充実した子どもとの時間を過ごすようにしながら、今しかない子育てを楽しんでください。

子育て家庭におススメの時短おかず

1品で2役！　具だくさんスープ

豚汁やけんちん汁、ミネストローネなど
・1品でおかずとスープの役割が果たせ、栄養がしっかりとれる

煮込み時間短縮！　ひき肉メニュー

キーマカレー、ミートソースなど
・みじん切りにした野菜とひき肉を使えば煮込む時間が短くて済む
・小分け冷凍保存にもぴったり

手間いらず！　魚缶メニュー

さば缶、サケ缶、ツナ缶など
・チャーハンに、サラダに、スープに入れれば、手間なく栄養アップ
・そのまま盛りつけてもプラス1品

生活習慣の悩み

Q3

ついスマートフォンを与えてしまう

外出先や家事をしたいときや、乗りものなどで静かにしてほしいとき、ついスマートフォン（以下、スマホ）を与えてしまいます。気づけば、1日数時間させていることも……。何か弊害があるのではと気がかりなのですが。

A 罪悪感があるなら、与え方を見直すチャンス！スマホに頼らずにすむ方法を工夫

　外出先で静かにしてほしい、家事は集中して終わらせたい、そんなときに無条件で静かになるスマホを与えたくなる気持ちもわかります。時代とともにスマホは身近なものになり、必ずしも全否定はできません。

　しかし、罪悪感があることについては見直したいですね。1日の使用時間を決めるほか、外出先には絵本や折り紙を持っていく、子どもと遊んで満足させてから家事をするなど、スマホに頼らないですむよう工夫しましょう。

外出時、子どもを飽きさせない工夫

電車のなかや病院などの待ち時間には、その場で静かにできる遊びを。

小人さんの手遊び

子どもと普段楽しんでいる手遊びを、小さな声と小さなジェスチャーで

探しものごっこ

座っている場所から見えるものを問題にして探しっこ

生活習慣の悩み
4

テレビ・DVDを消すと怒る

テレビのスイッチを切ろうとすると「まだ見る！」、ＤＶＤは「もう１回！」と騒ぎます。「今日は終わり」と強引に消せば怒り出し、かえって面倒なことに。うまく終わらせられません。

A 見始める前に約束し、子どもが自分でスイッチを切ると納得しやすい

　テレビもＤＶＤも、見ているときに急に「終わり」とスイッチを切られても納得できないもの。見始める前に、時間や回数を決めておくようにします。

　たとえば、「この番組が終わったらテレビを切ろうね」と伝えたり、「ピピピッと音が鳴ったらおしまいね」と伝えてタイマーをセットしたりなど、子どもが区切りをつけやすいような約束を考えましょう。

　３〜５歳であれば時計を見せて「針が○になったらやめよう」と話してもよいでしょう。

　なお、スイッチは、子どもが切るようにしたほうが納得しやすい傾向があります。約束が守れたときは大いにほめてあげましょう。

基礎知識

子どもにテレビを見せるときの注意点

・２歳以下の子どもには、テレビ・ＤＶＤを長時間見せないようにする
　（内容や見方によらず、長時間視聴児は言語発達が遅れる危険性が高まる）
・テレビはつけっぱなしにせず、見終わったら消す
・テレビ・ＤＶＤを一人で見せず、親も一緒に見て、子どもの問いかけに応える
・授乳中や食事中はテレビをつけない
・テレビの適切な使い方を約束し、身につけさせる
　（見終わったら消す、ＤＶＤは続けて反復視聴しない）
・子ども部屋にはテレビを置かない
※日本小児科学会「子どもの生活環境改善委員会提言」参照

次から次へとおもちゃを
出しては出しっぱなし

興味があれこれ移るようで、次から次へといろいろなおもちゃを引っ張り出します。遊んでいないものを私が片づけると、怒ってまた出します。どうすれば片づけの習慣がつきますか？

 遊びがひと段落したときに声をかけ、できたらほめる、をくり返して

様々な事柄・物に興味があるのはとてもよいことです。また、別の遊びに見えても、子どもにとってはイメージをつなげている一つの遊びなのかもしれません。いずれにしても「別の遊びをするときは片づけてね」などとあらかじめ約束しておき、子どもの遊びがひと段落したときに声をかけて、少しでも片づけられたらほめる、をくり返していきましょう。

片づけることも遊びにしてしまうのも一つの方法です。カゴをいくつか用意して「人形のおうち」「車のおうち」などと決め、「おもちゃをおうちに帰してあげよう」などと言いながら片づけたり、おうちの人と一緒に片づけ競争をしたりすると、楽しく片づけられますよ。

子どもが片づけやすい収納の工夫

・人形、車など玩具の種類別に片づける場所（カゴ等）を決める

・片づけるべき場所にその玩具の写真を貼り、目で見てわかるようにする

・年齢や興味に合わせて玩具を取捨選択し、全体の数を減らす

人形はベッドに見立てた箱に寝かせるようにしたり、車は線を引いて駐車場に見立てた箱に並べるようにしたりすると楽しく片づけられる。

歯みがきをいやがる

歯みがきが大嫌いで、仕上げみがきをしようとすると逃げまわります。「みがかないともう●●食べさせない」とか、「鬼が来て歯を全部抜かれるよ」などと、つい脅してしまいます。

A 絵本などで正しい知識を伝え 楽しい雰囲気のなかで磨いて

　口の中に物を入れられることは、大人でもよい気持ちはしません。力の入れすぎや長くみがいてしまうことは避け、鏡でみがいている様子を見せたり、歌をうたいながら楽しい雰囲気のなかでみがくようにしたりします。おうちの人の歯を子どもにみがいてもらったり、歯みがき粉の味を子どもに選ばせたりするのもよいでしょう。

　同時に、なぜ歯をみがかなければいけないのかを、脅すのではなく、正しく伝えることも大切です。むし歯が題材の絵本などを読み、「みがかないと自分が痛い思いをする」ことをわかってもらいましょう。

基礎知識

歯磨きが好きになる絵本

『はみがきあそび』
（偕成社）
作・絵／きむら ゆういち

『はみがきれっしゃ
しゅっぱつしんこう！』
（アリス館）
作・絵／くぼまちこ

『はみがきしましょ』
（大日本絵画）.
作／レスリー・マクガイアー
絵／ジーン・ピジョン
訳／きたむら まさお

生活習慣の悩み

Q 7

お風呂が嫌いで大騒ぎ

お風呂嫌いで、毎日入れるのにひと苦労です。入ったら入ったでとくに髪を洗うのをいやがって、隣家にも聞こえるくらいの声でわめきます。

A 毎日、しっかり洗う必要はなし。
楽しみの時間となるように工夫して

　大騒ぎしてまでお風呂に入るのは、子どもも大人もつらいでしょう。毎日しっかり洗わなくても、ときにはさっとお湯につかったり、汗を洗い流すだけの日があってもよいのでは。子育てには妥協することも必要です。
　そのうえで少しでも楽しくお風呂に入れるようにしましょう。お風呂用の玩具を用意して遊びながら入ってもいいですね。

基礎知識

親子で楽しむお風呂遊び

湯船で波遊び

子どもをひざに乗せて湯船につかり、大人が体をゆらして波をつくる。「大きな波が来たよー。ザップーン」「小さな波だね。ユラユラ」。

洗面器のハンドルで運転ごっこ

子どもをひざに乗せて湯船につかり、洗面器をハンドルにして運転ごっこ。「曲がりまーす」と一緒に体を左右に倒したり、「がたごと道だー」とひざを上下に動かしたり。

シャンプーの泡で変身！

シャンプーの泡をしっかり立てて、泡で「リボン」や「つの」、動物の「耳」をつくる。シャンプーをいやがる子には、親が自分の頭の上でやってみせてから、「やってみる？」と聞いてみて。

手伝いができる子にするには?

友人の子が自分から進んで洗濯物をたたんだり、配膳をしたりしているのを見ました。うちの子も（3歳です）自分から手伝いができる子になってほしいと思います。どうすればいいですか？

 子どもにできることから手伝ってもらい、
感謝の気持ちを伝えながら習慣にしていく

　自分から手伝いができるようになるには、「お手伝いが楽しい」「お手伝いをするとお母さんが喜んでくれる」「ほめられてうれしい」などの経験を積むことが大切です。

　まずは、おうちの人が楽しそうに料理を作ったり、「きれいになると気持ちがいいね」と言いながら洗濯をたたんだりして、子どもに興味をもたせましょう。

　そして、たたみ方を教えながら一緒に洗濯物をたたんだり、お皿をテーブルに運んでもらったりするなど、子どもにできることを頼んでみます。できたら「助かるわ」「ありがとう」と感謝の気持ちを伝え、少しずつ手伝いを習慣にしていきましょう。

子どもができる手伝いと年齢の目安

1〜3歳

・料理の下ごしらえ（しめじをさく、レタスをちぎる、ミニトマトのへたを取るなど）
・卵を割る、泡だて器で混ぜる
・テーブルをふく
・洗濯物（ハンカチやタオルなど）をたたむ

4歳〜

・料理の盛りつけをする　　　・洗濯物を取り込む、たたむ（くつした、シャツ）
・配膳をする　　　　　　　　・郵便物をとり込む
・洗いものをする　　　　　　・水やり

生活の自立の悩み

Q9

自分で着替えようとしない

4歳ですが、まだ自分で着替えられません。ズボンだけでも一人ではけるように練習させていますが、途中で「できない」と放り投げます。

A 時間がかかっても見守り、待つのが基本。着替えやすい服を用意することも大切

　練習をしているなら、そのうちできるようになります。焦らず、どんなに時間がかかっても見守り、待ちましょう。どうしてもできないときは「手伝おうか」と問いかけてから手伝い、最後の部分だけは自分でやらせて、できた喜びを感じさせましょう。

　なお、ファスナーがあったり、きつめの洋服だったりすると脱ぎ着がしづらく、やる気が失せることもあります。少しでも着替えやすいようサイズが大きめの服や、はきやすい半ズボンを用意します。1回でも自分でできたときは十分にほめ、自信をもたせていきましょう。

基礎知識

発達の目安と衣服の着脱の目標

衣服の着脱ができることと運動機能の発達には大きな関係があり、個人差も大きい。子どもの発達に合わせてチャレンジさせることも大事。

1歳代	**握ったり、引っ張ったりできる** ・靴下を引っ張って脱ぐ ・スナップボタンを引っ張ってはずす
2歳代	**スプーンやフォークなどを使って食べられる** ・ズボンの脱ぎ着ができる ・手を通して上着が着られる
3歳代	**はさみやテープなど、手先を使った簡単な作業ができる** ・少し手を借りれば、下着から服まで自分で着られる ・脱いだものをたたむことができる
4歳代	**はしを使う、顔を洗うなど、生活に必要な作業がほとんどできるようになる** ・手を借りず、下着から服まで自分で着られる ・ボタンをはめたり、ファスナーの上げ下ろしがスムーズにできる

生活の自立の悩み

Q 10

着替えに手を出すと「自分で！」

PART
1

自分で着替えられるようになったのはよいのですが、急いでいるときなどに手助けをしようとすると「自分で！」と言って怒ります。

A できるだけ時間に余裕をもって自分でやらせ、どうしても間に合わないときは子どもに聞いてから手伝う

　子どもが「自分で」やりたがるのは、順調に成長している証拠。なるべく待ってあげられるように時間に余裕をもつことが大切です。

　どうしても急いでいるときは、「自分で」という気持ちをほめたうえで、「○○ちゃんが上手にできることは知っているけれど、今日はお手伝いをしてもいいかな？」と選択肢をもたせた声かけをしましょう。

基礎知識

子どもの意欲を損なわない工夫

着脱のしやすい服を用意する

なるべく「急いで」を言わないよう、できるだけ着脱がしやすい服を選ぶことも大切。

ズボンやスカートのウエストはゴムで、ゆったりした大きさのもの

Tシャツやトレーナーは、やわらかい素材のもの

BACK
FRONT

前に絵があるなど、前後がわかりやすいもの

17

トイレに誘っても「行かない！」 と言い、あとでもらす

排尿の間隔が長くなりパンツにしました。普段は問題ないのですが、遊んでいるときなどは、「行かない」「行きたくない」と言い張って、結果おもらし。どうすればいいですか？

 遊びに集中しているときに誘っても無理。できたときは十分にほめて

　遊びに集中しているときに、遊びを中断させてトイレに行くというのは子どもにとって無理なことです。遊び始める前や終わってから「トイレに行こう」と声をかけたり、遊んでいる途中なら「もう少ししたらトイレに行こうね」と予告してから誘うようにします。

　もらしてしまったときは叱らず、気持ちが悪いという感覚に意識を向けさせるようにしましょう。お気に入りのパンツをはかせて、「汚したくない」という心理を利用するのもよいでしょう。

　トイレでうまくできたときは十分にほめ、シールを貼るなど、できた喜びを目で感じられるような工夫をするのもおすすめです。

子どもがトイレに行きたくなる工夫

親が一生懸命になればなるほど、イライラが大きくなるトイレトレーニング。
肩の力を抜いて親子で楽しむ工夫も必要。

トイレ電車出発進行〜♪

子どもと電車ごっこでトイレまで進む。途中、台所や別の部屋に立ち寄るなどしてから、「トイレにとうちゃ〜く」。定期的に「トイレ電車まもなく発車します！」と声をかけてトイレに行き、排尿できたら、一緒に大喜びを。

トイレ大成功メダル

メダルをたくさん作っておき、トイレに用意をしておく。トイレに行って座れたら「座れたね！おめでとう」、うまく排尿できたら「トイレ大成功！」などと、その都度、成功したことを一緒に喜んでメダルをかける。

生活の自立の悩み

12

よそのトイレが使えない

神経質で、家と園以外のトイレが使えません。駅やデパートのトイレなどは絶対に入ろうとしないので、いまだにおむつを持ち歩いています。どうしたら、外のトイレに入れるようになるのでしょう。

外のトイレの何がいやなのか探り、少しずつ慣れさせる

　外のトイレの何がいやなのか、まずはそれを探りましょう。その際、子どもの気持ちに寄り添うことが大切です。汚いなどの理由であれば、除菌シートを使う。暗くて怖いのが理由であれば、おうちの人も一緒に入って安心させたり、ドアのそばに立ち、開けたまま入ったりなどの方法をくり返すうち、少しずつ慣れていく場合もあります。無理強いすると逆効果。「そのうちできるようになる」と親がゆったり構えることも大切です。

　ちなみに親が神経質で外のトイレにあまりいかないと、子どもも外のトイレに対して神経質になることがあります。親自身が率先して外のトイレを使用する姿を見せ、「大丈夫だよ」と伝えることも効果があります。

トイレの使い方を伝える

和式・洋式や、立ち便器など、家と違うトイレで戸惑う場合もある。外出先で、どんなトイレでもできるようにすることも大事。

洋式トイレ

①ズボンやパンツはひざまでおろす
②上着のすそを腰まであげておさえる
③便座に深く座る

立ち便器

①便器の前に立ち、ズボンやパンツをひざ下までおろす
②便器に近づき、お腹を前に突き出す

和式トイレ

①便座の前のほうに立つ
②ズボンやパンツはひざまでおろす
③ズボンやパンツを押さえながらしゃがむ
※慣れるまでは、最初にズボンやパンツをぬぐ

似た者家族 !?

Message

子どもの意欲を応援し、
自分でできた喜びを共有しましょう

「きれいが気持ちいい」という感覚を はぐくんでいきましょう

歯をみがいた後は…

食習慣の悩み

食べものの好き嫌いが多い

5歳の娘は好き嫌いが多く、とくに野菜はほとんど食べません。ハンバーグなどに細かく刻んで入れてもいやがります。小学校に入ったら給食が始まるので、それまでに直したいと思うのですが。

A 「嫌い」ではなく「まだ食べられない」だけ。きっかけを与えつつ、気長に見守る

子どもの好き嫌いは「嫌い」ととらえるより、「まだ食べられるようになっていない」と考えましょう。味覚の発達や経験を積むことによって食べられるものが増えてくるので、この時期は食べることに興味や愛着がわくような経験をたくさんしていきましょう。たとえば、家庭で野菜の栽培をしたり、おうちの人と一緒に料理をしたり、家族や友だちと楽しい食卓を囲むなどです。

また、ニンジンが苦手ならハートに型抜きしたり、肉が食べられないなら動物の形にして焼いたりなど、食べたいと思うような盛りつけをするのも効果的。「食べない」と決めつけず盛っておくと、ふとしたタイミングで手を伸ばして食べ始めることもあります。きっかけを与えつつ、気長に見守りましょう。

豊かな味覚を育てるためのコツ

「体験」と「食べる」を連動させることがポイント。
旬の食材を意識し、いろいろな味を経験させるとよい。

春	空豆の皮むきをして、（ゆでて）食べる
夏	（プチ）トマトを栽培して収穫し、食べる
秋	店でさんまを見つけて買い、（焼いて）食べる
冬	もちつきをして（または、もちを焼いて）、食べる

食習慣の悩み

Q2

小食で食べるのが遅い

4歳の娘は小食で、食べるのもとてもゆっくりです。家ではたまりかねて、私が口に食べものを運んでしまうことも。「もう片づけるよ」というと「まだ食べる！」と…。改善する方法はありますか。

A 食事の形態や量を見直したうえで、おなかがすく生活になっているか確認を

少食でも身長と体重が発育曲線に沿っていて、肥満度も適正範囲内であればあまり心配することはありません。ただ、だらだらと食べるのはあまりよくありません。食事の形態や量を見直し、まずは子どもが無理なく食べられる形や量にしたうえで、食事時間は30分を目安にするなどルールを決めましょう。また、間食はごはんの影響のない範囲にとどめることも大切です。

同時に、おなかがすく生活になっているのかについても確認しましょう。外遊びや散歩、体を使った遊びで活動的に過ごせば、おなかがすいて、たくさん食べられるようになるかもしれません。

基礎知識

食事の見直しポイント

配慮できていないことがあれば、改善を心がけて。

☐ 家族みんなで食事を楽しむ雰囲気づくりをしている

☐ 親が一緒に「おいしいね」と食べている

☐ 食事やおやつの時間以外は、食べない・食べさせないようにしている

☐ 牛乳やジュースなど、水分でおなかがいっぱいにならないよう配慮している

Q3

遊び食べはいつまで?

2歳の息子は、ごはんとおかずをかき混ぜたり、飲みものをストローでぶくぶくさせたりなど、すぐに食べもので遊びだします。遊び食べは通過点で、食への興味を育てるとも聞きますが、いつまで許されるのでしょう。また、食事に集中させるにはどうしたらいいですか?

この時期の遊び食べは心配ないが 食事の環境を見直す必要も

遊び食べは2歳児に多く見られる行動です。次第に減っていくはずなので、過剰に心配せず見守りましょう。ただ、食べものを投げるなど明らかにいけない行動はダメだと教える必要があります。はじめはできなくても、くり返し伝えることで身につきます。

なお、食事に集中するためには、体に合ったいすやテーブル、安定した食器などを用意して自分で食べやすくする、テレビを消しおもちゃなどは食卓に持ち込まないなど、気が散らないような環境を整えることも大切です。

ちなみに、食事時間の集中力がもつのは30分程度です。遊び食べが始まったら切り上げてしまってもいいでしょう。

子どもの食事について困っていること

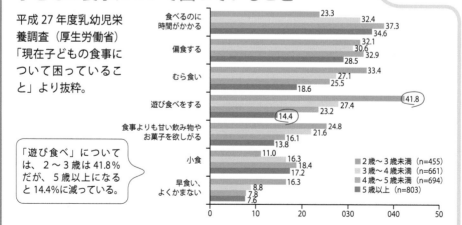

平成27年度乳幼児栄養調査（厚生労働省）「現在子どもの食事について困っていること」より抜粋。

「遊び食べ」については、2〜3歳は41.8%だが、5歳以上になると14.4%に減っている。

太り気味を指摘された

5歳の息子。白いごはんが大好きで毎食、何杯もおかわりをします。牛乳も1日に1本は飲んでいます。最近、園の健康診断で太り気味を指摘されました。食べる量を減らすにはどうしたらよいでしょう。

A おかわりのルールを決めたり、途中でひと息入れるなど食べすぎないですむ工夫を

白いごはんばかり、牛乳ばかりと偏って食べることはよくありません。白いごはんを一膳おかわりしたら次はおかずや汁物を、牛乳を1杯飲んだら次は水やお茶を飲むように促し、栄養バランスを整えていきましょう。

また、おかわりが続くようなら「○時になるまでおかわりはいったんお休みね」と、途中でひと息入れるのも方法です。ひと息つくことで、満腹感が得られる場合もあります。

おかしやジュースなど間食を頻繁にせがむようなら、絵本を読み聞かせたり、おうちの人と遊ぶなど気持ちを切り替え、ほかに意識を向ける工夫も必要です。

基礎知識

かみ応えのある食材で子どもが食べ過ぎない工夫を

よくかんで食べると、満腹感を得やすくなる。
唾液がたくさん出ることで消化も促進されるので、毎日の食事に意識して取り入れたい。

硬↑　かみごたえ度　↓軟

10	さきいか　ミリン干し　にんじん（生）　たくあん
9	豚モモ肉　牛モモ肉　セロリ（生）
8	いわし（佃煮）　油揚げ　キャベツ（生）
7	ピザ皮　もち　イカ（生）　酢ダコ　鶏モモ肉　大根（生）白菜漬物　干ぶどう
6	玄米　えび　きゅうり　マッシュルーム　ピーマン（炒）
5	麦ご飯　長芋　かまぼこ　チャーシュー　もやし　しいたけ
4	白米　パスタ　こんにゃく　つみれ　ハム　チーズ　いんげん（ゆで）　梨　りんご
3	うどん　ラーメン　さつま揚げ　ソーセージ　肉団子　卵焼き
2	おじや　食パン　刺身　コンビーフ　トマト　にんじん（ゆで）　白菜（ゆで）　バナナ
1	おかゆ　豆腐　はんぺん　ハンバーグ　大根（ゆで）　メロン　みかん

食習慣の悩み

Q5

お菓子やジュースを欲しがる

甘いものが大好きで、お菓子やジュースを頻繁に欲しがります。「今日はこれだけね」と量を決めてもおさまらず、ごはんがあまり進みません。むし歯も心配です。

 買い置きはしない、時間を決めるなど親が努力を。
果物など自然の甘みを与えるのも○

　子どもの間食は、3回の食事では満たされない栄養を補う役割があり、ある程度は必要です。しかし、食べすぎて食事に響くようでは困ります。おやつの時間を決め、規則的に与えるようにしましょう。

　また、市販のお菓子やジュースなどの与えすぎもよくありません。果物やサツマイモ、カボチャ、トウモロコシなど自然の味を生かしたものを与えましょう。

　お菓子は、あるとどうしても欲しがるので、買い置きをしないことも大切です。「ないと子どもがうるさいから」と思うかもしれませんが、親の我慢も大切です。今だけを考えず、将来の子どもの健康を考えましょう。

間食の適量とおすすめのおやつ

間食にお菓子など甘いものをとると、血糖値（血液中のブドウ糖の濃度）が急激に上がり、その後、急激に下がる。これをくり返すと体は疲れやすくなり、イライラして、かんしゃくを起こす原因ともなる。量だけでなく間食を何にするかも意識が必要。

1〜2歳児	100〜150kcal	3〜5歳児	200〜260kcal

おすすめのおやつ

・とうもろこし（ゆで・1/2本）　130kcal
・ふかし芋（さつまいも輪切り・約2cm）　66kcal
・バナナヨーグルト（バナナとヨーグルト・1カップ）　60kcal
・りんご（1/4個）　26kcal
・ゆかりおにぎり（1個）　100kcal
・牛乳（100cc）　67kcal

薬を飲ませるのが大変

風邪をひきやすく、しばしば病院にかかるのですが、もらってきた薬を飲ませるのが大変で困っています。

子どもが好きな食べものに混ぜる。飲みやすい薬に変えてもらうのも一案

薬が苦手な子は多いものです。市販の服薬ゼリーを用いたり、ヨーグルトやアイスなど食べ物に混ぜて与えると飲みやすくなります。

また、粉薬が飲めない場合はシロップに変えてもらったり、抗生物質のように苦味がどうしても受け付けない場合は薬の種類を変えてもらったりなど、医師に相談してみてはどうでしょう。

1日3回の服用で処方される薬の場合、基本的に園では対応してもらえません。このようなときも医師に相談し、薬の種類に配慮してもらうほか、服用するタイミングのアドバイスをもらいましょう。

健康は生活習慣の改善から

乳幼児期から薬を飲まなくてすむような体づくりを心がけることも大切。国は「子どもの体力向上のための総合的な方策について（答申）」のなかで「健康三原則」を提唱している。

> **健康三原則** **よく食べ、よく動き、よく眠る**

・生活習慣の基本は、調和のとれた食事、適切な運動、十分な休養・睡眠から
・家族で食事を共にしたり、早寝・早起きなど生活リズムの確立をはじめ、"健康三原則"を徹底し、子どもの生活習慣を改善するため、家庭できまりをつくることが有効

夜の授乳がやめられない

　２歳の誕生日に昼間のおっぱいは卒業できました。が、２歳半になった今でも、夜はおっぱいを飲みながらでないと寝つけません。一人っ子なのでやめどきもわからずここまできてしまいましたが、私自身、辛くなってきました。

 ## お母さんと子ども両方の
こころとからだの状態を見て判断を

　通常２歳半になると、必要な栄養素は食事で補えます。ですからこの時期のおっぱいはスキンシップや精神安定剤のような役割になります。お母さんと子どもの両方のこころとからだの状態をみて、何を優先して、どのタイミングでおっぱいを卒業するのかを考えましょう。

　また、２歳半なら、ある程度は会話も成立するでしょう。「３歳になったら、もうお兄さんだから夜のおっぱいもやめようか」などと子どもと時期を決めたうえでやめるようにすると、子どもも納得しやすいかもしれません。

卒乳のタイミングと理由

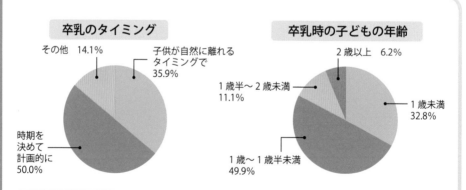

卒乳のタイミング

- その他　14.1%
- 子供が自然に離れるタイミングで　35.9%
- 時期を決めて計画的に　50.0%

卒乳時の子どもの年齢

- ２歳以上　6.2%
- １歳半〜２歳未満　11.1%
- １歳未満　32.8%
- １歳〜１歳半未満　49.9%

「計画的に」卒乳した人の理由 ※複数回答

- 離乳食が進んできたから（40.8%）
- １歳前後と決めていたから（36.1%）
- 歯が生えてきたから（17.5%）
- 第２子を妊娠した、または妊娠したいから（16.3%）
- 夜の授乳が大変になったため（16.3%）
- ママが仕事を始めたから（15.1%）
- 母乳が出にくくなったから（12.7%）
- その他（12.7%）

以上、ユニ・チャーム調べ

正しくはしが使える子にするには？

もうすぐ4歳です。はしがちゃんと使えるようにしたいと思うのですが、持って見せても子どもにはよくわからないようです。正しく持たせようとすると、持つのをいやがります。どうすれば身につきますか？

A 遊びを通して指先の動きを身につける

　無理強いはよくありません。とくに食事中に口うるさく言うと、食事自体が苦痛になることもあります。まずは、大人やまわりの友だちが使っているのを見て、自分からやってみたいと思う瞬間にすぐに対応できるよう、食卓にははしとスプーン、フォークなどを一緒に用意して、使いたいものを選べるようにしておきます。

　きちんとはしが持てるようになるのは、スプーンやフォークを「鉛筆握り」で持てるようになってからです。鉛筆握りは、親指、人差し指、中指の3点で指先に力を入れる持ち方です。この指先の動きは、色鉛筆でお絵描き、ネジまわし、パズル、オセロなど遊びをくり返すことで上達します。

　正しいはしの持ち方は、小さなスポンジやティッシュ、乾物の豆をはしを使ってつかむなど、遊びのなかで楽しく練習するのがよいでしょう。

はしの正しい持ち方

スプーンやフォークが鉛筆握りで持てるようになったら、遊びのなかではしの使い方を伝えていく。

鉛筆握り

①鉛筆のようにはしを1本持つ

②もう1本のはしを親指のつけ根と薬指の先ではさむ

③上のはしを動かしてつまむ

作戦失敗

Message

子どもの「食べたい」意欲を
大切にしましょう

初めてのタマネギ？

Message

収穫や調理の手伝いで
食材と仲よくなる経験を

スタッフ

監修　　　柴田豊幸
執筆　　　竹山 豪・米谷亮介ほか（パピーナ西荻北保育園）
漫画　　　小道迷子
イラスト　鈴木穂奈実（チャイルド社）
デザイン　ベラビスタスタジオ
編集協力　こんぺいとぷらねっと

チャイルドＱ＆Ａシリーズ
子育て困った！にお答えします
生活習慣・生活の自立

発行日　2019年1月15日　初版
発行人　柴田豊幸
発　行　株式会社チャイルド社
　　　　〒167-0052　東京都杉並区南荻窪4丁目39番11号

ISBN978-4-925258-27-2
©Child 2019 Printed in Japan

子どもとパパママ、祖父母の "笑顔生まれる" チャイルドQ&Aシリーズ

子育てに困ったら、ぜひ開いてほしいQ&Aシリーズ。全6巻で笑顔が生まれます。

企画監修／柴田豊幸
編著／チャイルド社 出版・セミナー部
A5判・32ページ・オールカラー
すべて ¥500（本体価格）

Vol.1 ほめ方・しかり方

仕事と家事の両立で忙しく、しかってばかり。どうしたら子どもの心に届くほめ方しかり方ができるのでしょうか……。ほめ方しかり方のポイントをわかりやすく解説します。

Vol.2 生活習慣・生活の自立

早寝・早起きや片づけの習慣、食事の自立……。「身につけさせなくては」と考えるとプレッシャーになって、できなければイライラの原因に。親子で一緒に喜び合えるサポートの仕方を紹介します。

Vol.3 からだとこころの発達

「言葉が遅いのでは」「不器用なのでは」「落ち着きがなさすぎる?」……。からだとこころの発達にかかわる様々な悩みにていねいにこたえます。

Vol.4 小学校につながる学び

「ひらがなに興味をもたせたい」「数を理解しているか心配」など学習面から、「話し方が幼い」など生活面まで、小学校入学を前にした保護者の「知りたい」にこたえます。

Vol.5 子どもを通した人間関係

子どもが生まれ父母となった夫婦関係、子どもにとって祖父母となった親との関係、ママ友……。自分本位とはいかない子どもを通した人間関係における様々な悩みにこたえます。

Vol.6 祖父母の孫育て

意外に気遣いが必要な祖父母の「孫育て」。子ども夫婦との関係についての悩み、お祝いごと、贈与などお金についても詳しくこたえます。

ISBN978-4-925258-27-2　C2037　¥500E

9784925258272

1922037005003

チャイルド
Q&A シリーズ

子育て困った！ にお答えします

祖父母の孫育て

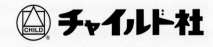

チャイルド社